# CUIDA TUS EMOCIONES Y TU MENTE

## GUIA IMPORTANTE PARA SU SALUD MENTAL Y BIENESTAR .

Contenido

4

**ANTES**

**¿Qué características caracterizan con mayor precisión la salud mental?**

Todos los aspectos de nuestro bienestar físico, mental y espiritual se consideran parte de nuestra salud mental. Afecta nuestras actitudes, emociones y comportamiento. También afecta la forma en que manejamos el estrés, interactuamos con las personas y tomamos decisiones sensatas. Desde la adolescencia hasta la madurez, todos deben mantener una buena salud mental.

¿Qué son los casos de salud mental?

**Muchos problemas mentales**

- Furia.

- Explica qué es la ira y ofrece sugerencias sobre cómo lidiar con ella de una manera productiva y saludable.

- Trastorno bipolar,

- Trastorno dimórfico corporal (TDC),

- trastorno límite de la personalidad (TLP), ansiedad y ataques de pánico, depresión,

- Trastorno Dimórfico Corporal (TDC) y así sucesivamente.

- Disociación y trastornos relacionados.

- problemas de comida

## Mitos comunes sobre las enfermedades mentales

• "Los jóvenes y los niños no tienen problemas de salud mental" es un mito común.

• Se cree que más de seis millones de jóvenes en los Estados Unidos están afectados por una condición de salud mental que afecta gravemente la capacidad de una persona para funcionar en el hogar, la escuela o la comunidad.

• Mito: "Aquellos que necesitan tratamiento de salud mental deben ser segregados en instituciones".

• Realidad: Con una variedad de servicios de apoyo, tratamientos y/o medicamentos, la mayoría de las personas ahora pueden llevar una vida plena en sus comunidades.

- La idea de que alguien que ha tenido una enfermedad mental nunca puede ser normal.

- Mito: "Las personas con enfermedades mentales son peligrosas".

- La mayoría de las personas con enfermedades mentales no cometen delitos violentos. Cuando se produce violencia, suele ser por las mismas razones que en la población general, como sentimientos de intimidación o abuso excesivo de alcohol y/o drogas.

- Mito: "Las personas con enfermedades mentales pueden trabajar en trabajos de baja categoría, pero no están calificadas para trabajos realmente importantes o de responsabilidad. »

• Realidad: Dependiendo de sus habilidades individuales, antecedentes e impulso, las personas con trastornos mentales son, como todos los demás, capaces de trabajar en cualquier nivel.

**¿Cuál es una ilustración de cómo interactúan la mente y el cuerpo?**

Tus pensamientos y sentimientos están vinculados. Y cómo piensas puede cambiar tus sentimientos. La forma en que su cuerpo reacciona al estrés es un ejemplo de esta conexión mente-cuerpo. La tensión muscular regular, el dolor, los dolores de cabeza y de estómago pueden ser causados por la ansiedad y el estrés constantes relacionados con el trabajo, el dinero u otros problemas.

enfermedad mental

A veces llamados trastornos mentales, estos son una amplia categoría de condiciones que afectan sus emociones, pensamientos y comportamiento.
 Algunos ejemplos de enfermedades mentales son la depresión, los trastornos de ansiedad, la esquizofrenia,

- problemas de comida
- y conductas compulsivas.
- violación de los derechos humanos,
- Racismo,
- Y el estigma también es común.
- Las enfermedades mentales más comunes incluyen trastornos de ansiedad, depresión, trastorno bipolar, TEPT y otros trastornos.

- desórdenes neurológicos.
- Esquizofrenia.
- problemas de comida
- trastornos disociativos
- Y comportamiento disruptivo.

## ¿Qué desencadena los problemas de salud mental?

Hay varias razones posibles para los problemas de salud mental. Aunque algunas personas pueden verse más afectadas por ciertas cosas que otras, muchas personas son susceptibles de verse afectadas por una combinación compleja de circunstancias.

**Por ejemplo, lo siguiente puede contribuir a un período de mala salud mental:**

• Aislamiento social o soledad, abuso infantil, trauma o abandono, prejuicio y estigma, incluido el racismo

• Pobreza, angustia socioeconómica o duelo por deudas (pérdida de un ser querido)

- Estrés severo o prolongado, problema de salud física a largo plazo, desempleo o pérdida de trabajo

- problemas de vivienda o falta de vivienda

- Convertirse en el cuidador a largo plazo de alguien

- Consumo de alcohol y drogas Trauma importante en la edad adulta, p. B. una operación militar, la participación en un evento importante en el que se temía por la vida o la víctima de un delito violento

## ¿Por qué es importante acudir a un profesional de la salud mental?

Se necesita coraje para buscar ayuda de salud mental. También útil

Disminuye su susceptibilidad a varios problemas de salud.

Otros problemas fisiológicos pueden derivarse de una mala salud mental. La obesidad, los problemas digestivos y otras dolencias están relacionados con la falta de sueño y los trastornos del sueño. Su riesgo de desarrollar otros problemas de salud se reduce si busca tratamiento lo antes posible.

## ¿Cómo obtengo ayuda de expertos?

Dónde encontrar profesionales de salud mental con licencia - Salud mental...

Si usted o alguien a quien ama está listo para buscar ayuda profesional, considere estas alternativas al programa PSSM.

- Por favor, póngase en contacto con su médico de familia.
- Póngase en contacto con un especialista en salud mental.
- Encuentre un compañero experto certificado.
- Llame inmediatamente a un psiquiatra.

## ¿Cómo saber si alguien necesita ayuda de un experto?

- Señales de que quieres una consulta privada
- sensación de tensión.

- Me siento abrumado por todo en general.

- Piensa demasiado y le resulta difícil "apagar" sus pensamientos.

- Estoy deprimida y lloro más de lo normal.

- ¿Se enoja con más frecuencia o tiene problemas para controlar sus emociones?

- Dormir menos o más de lo habitual.

## Los beneficios de la meditación para la salud mental

Al centrarse en el momento presente, promover la conciencia y la aceptación, y desarrollar el autocontrol emocional, la meditación consciente mejora la salud mental.

## Sigo enfocándome en el aquí y ahora

Centrarse en el momento presente es uno de los principios fundamentales de la meditación consciente. Esto incluye enfocarse en el momento presente sin juzgar o dejar que los temores sobre el pasado o el futuro lo distraigan.

**Al concentrarse en el aquí y el ahora, puede mejorar su salud mental y reducir su estrés.**

Puedes practicar esta habilidad mientras meditas prestando atención a tu respiración. No te distraigas con pensamientos de lo que se debe hacer a continuación ni te preocupes por algo que ya sucedió enfocándote solo en cada inhalación y exhalación.

## Reducir el estrés y la ansiedad

Es imposible exagerar cuán efectiva es la meditación de atención plena para reducir el estrés y la ansiedad, ya que es una estrategia útil para controlar la salud mental.

Al enseñarle a la mente a concentrarse en el momento presente, la meditación consciente ayuda a reducir estos sentimientos incómodos. Sin crítica ni reflexión, esta técnica promueve la toma de conciencia y aceptación de nuestras ideas y sentimientos.

Por ejemplo, la meditación de atención plena le permite reconocer sentimientos abrumadores de ansiedad o inseguridad sobre la fecha límite de un proyecto que se acerca rápidamente en el trabajo, mientras vuelve a centrar su atención en las cosas que están bajo su control, como su respiración u otras sensaciones corporales, en lugar de convertirse en preocupaciones sin sentido .

## ¿Cuáles son los beneficios del autoconocimiento para la salud mental?

Comprender la importancia de la autoconciencia en la salud mental. Nuestra capacidad para reconocer nuestros desencadenantes emocionales y comprender cómo respondemos a ellos se ve reforzada por la autoconciencia. Podemos controlar mejor nuestras emociones cuando les tenemos miedo. Para controlar nuestras emociones y evitar reacciones exageradas, podemos utilizar técnicas como la respiración profunda, la meditación o el ejercicio.

## Inteligencia emocional y salud mental: una relación

### La enfermedad mental y la inteligencia emocional

La investigación ha relacionado la inteligencia emocional con los problemas de salud mental, en particular la ansiedad y la depresión. En concreto, la inteligencia emocional ha demostrado ser una defensa frente a muchas enfermedades.

Dado que la inteligencia emocional ayuda a comprender mejor los posibles estreses, tiene sentido que pueda tener un efecto inmunizador contra las enfermedades mentales. Esto puede reducir los sentimientos incómodos de sobreexcitación y ayudar a las personas ansiosas a volver a un estado más tranquilo más rápidamente porque el ambiente se siente menos peligroso.

Ser capaz de reconocer mejor sus propios sentimientos puede ayudar a alguien con depresión a seguir lidiando plenamente con situaciones difíciles o pérdidas. Como resultado, uno puede ser más capaz de llorar las habilidades, metas o relaciones perdidas a lo largo de la vida y ser capaz de realmente dejar atrás el pasado.

## Salud mental positiva e inteligencia emocional

En comparación con el potencial de EQ para proteger contra enfermedades mentales dañinas, se encontró que la asociación entre el rendimiento mental y la salud mental positiva positiva era más débil. Sin embargo, hay evidencia de que ciertos componentes de la inteligencia emocional están relacionados con un mayor bienestar.

**Métodos para afrontar el estrés.**
¿Qué haces cuando vence un plazo o tu coche se descompone? No ignore los síntomas persistentes de estrés, porque el estrés de cualquier tipo, ya sea crónico, leve o severo, tiene efectos perjudiciales en su cuerpo y mente. Inevitablemente habrá momentos difíciles en la vida. Sin embargo, el estrés extremo, especialmente cuando ocurre con frecuencia, puede perjudicarnos.

Bajo tales condiciones estresantes crónicas, su riesgo de depresión y problemas cardíacos, como enfermedades cardíacas, puede aumentar.

Reconozca por lo que está pasando su cuerpo y desarrolle estrategias de afrontamiento simples para compensar las consecuencias negativas de las demandas diarias.

## El estrés se presenta en dos formas diferentes:

- El estrés emocional puede ser causado por problemas de relación, presiones laborales, preocupaciones de dinero, exposición al racismo o un cambio importante en la vida.

- Físico: el estrés físico incluye sentirse mal, estar enfermo, tener problemas para dormir, recuperarse de un accidente o tener un problema con el alcohol o las drogas.

## Pelea o vuela

El estrés, ya sea repentino o prolongado, activa el sistema nervioso y desencadena la producción de hormonas corticales y adrenalina, que aumentan la presión arterial, el ritmo cardíaco y el azúcar en la sangre. Estos cambios desencadenan la respuesta de lucha o huida de su cuerpo. Ayudó a nuestros antepasados a escapar de los tigres dientes de sable y todavía es útil hoy en día para protegerse contra peligros como los accidentes automovilísticos. Sin embargo, la mayoría de las tensiones crónicas modernas, como las dificultades financieras o una relación difícil, mantienen su cuerpo en ese estado elevado que afecta negativamente su salud.

## efectos del alto estres

La mayoría de nosotros terminará trabajando de manera menos eficiente cuando esté bajo estrés constante. Dado que numerosos estudios han relacionado el estrés crónico con un mayor riesgo de enfermedad cardiovascular, accidente cerebrovascular, depresión, aumento de peso, demencia e incluso muerte prematura, es importante reconocer los síntomas del estrés crónico.

- Dormir mal durante largos períodos.
- Fuertes dolores de cabeza que ocurren con frecuencia.
- Aumento o pérdida de peso irrazonable.
- Sentimientos de inutilidad, desinterés o aislamiento.
- Ira y hostilidad constantes.
- Disminución de la motivación por las actividades.
- Inquietud constante o rumiación excesiva.
- Uso excesivo de drogas o alcohol.
- Dificultad para concentrarse.

## ¿Qué significa el término "Psicología Positiva"?

¿Por qué es importante la psicología positiva y en qué consiste?

La psicología positiva es un enfoque práctico para lograr el máximo rendimiento y el estudio científico del bienestar humano. También se le llama al estudio de las cualidades y características que sustentan el éxito de las personas, grupos y organizaciones. El Instituto de Psicología Positiva es la fuente.

¿Qué implica la psicología positiva para la salud mental?

La relación de la psicología positiva con la salud mental

La felicidad, la esperanza, la motivación, la empatía y la autoestima son ideas fundamentales de la psicología positiva y todas ellas mejoran directamente el bienestar humano (Schrank & Slade, 2007). Caracterizado por la alegría y el deseo de comportarse de manera que aumente la alegría y la autosatisfacción.

**¿Cuáles son tres ejemplos de buena salud mental?**

- Sentirse en control de su vida y sus elecciones personales es un signo de buena salud mental.
- Ser capaz de hacer frente a las dificultades y presiones de la vida.
- Un estado mental saludable, como B. la capacidad de prestar atención en el trabajo.
- Tener una perspectiva positiva de la vida en general; sentirse bien físicamente.
- Date suficiente descanso.

## ¿Cómo se relaciona la salud mental con la felicidad?

En general, los resultados del estudio muestran una asociación inversa entre los niveles de felicidad y la gravedad de la salud mental. Esto muestra que es más probable que las personas informen niveles más bajos de felicidad cuando obtienen una puntuación más alta en la Escala de problemas de salud mental.

## ¿Qué significa resiliencia en salud mental?

La capacidad de "recuperarse de la adversidad" se ha utilizado para caracterizar la resiliencia, un término que describe la salud física y mental en general. La psicología positiva siempre ha hecho hincapié en la capacidad de una persona para disfrutar de la vida y encontrar un equilibrio entre la búsqueda de objetivos psicológicos y las actividades cotidianas.

## ¿Cuáles son los cinco pilares de la resiliencia en salud mental?

En tiempos difíciles, involúcrese en los cinco pilares de la resiliencia

La autoconciencia, la atención plena, el cuidado personal, las relaciones saludables y la determinación son los cinco pilares que componen la resiliencia.

## ¿Cómo aumentar tu fuerza mental?

Aunque diferentes cosas pueden ser útiles para diferentes personas, puede probar algunas de las siguientes soluciones:

Cuidate. Ser amable contigo mismo puede ayudarte a sentirte mejor en varias circunstancias.

Haz un esfuerzo por relajarte; Persigue tus intereses y pasatiempos. pasar tiempo en la naturaleza.

Cuida tu bienestar físico.

## ¿Qué implica una conexión enriquecedora?

Cada persona en la conexión se beneficia del cuidado y la atención de los demás, lo que beneficia a todos los involucrados. Sentirse incluido y tener un sentido de pertenencia son a menudo características de las relaciones enriquecedoras. Hacer que los demás se sientan queridos por ellos. Apoyar el bienestar de los demás.

### ¿Qué tipo de conexión se consideraría nutritiva?

Técnicas para mantener la relación. La intencionalidad es una de las formas más comunes de comportamiento de crianza en una relación. Todo lo que tienes que hacer es hacer tiempo para tu compañero. Puedes empezar a hacer citas, ir al cine, hacer excursiones, etc. Estas actividades promueven el crecimiento de la cercanía en su relación.

### ¿Qué enfermedades mentales provocan ansiedad?

El trastorno de ansiedad generalizada, que incluye el trastorno de pánico con o sin fobias de ansiedad específicas, la agorafobia, el trastorno de ansiedad social, el trastorno de ansiedad por separación y el silencio selectivo son algunas de las diferentes formas de trastorno de ansiedad.

## ¿Cuáles son las cuatro formas de enfermedad mental y los cinco tipos de trastornos de ansiedad?

Las cinco categorías más comunes de trastornos de ansiedad son:

Los trastornos de ansiedad que se pueden tratar incluyen el trastorno obsesivo-compulsivo (TOC), el trastorno de pánico, una afección conocida como trastorno de estrés postraumático (TEPT), el trastorno de ansiedad social y el tratamiento de los trastornos de ansiedad.

## ¿Cuáles son los cuatro mecanismos para hacer frente a la ansiedad?

1. Ejemplos de mecanismos de afrontamiento

2. Respira profundamente.

3. Los principales grupos musculares están tensos y

relajados (liberación muscular progresiva)

4. O imágenes guiadas o meditación.

## ¿Qué es un trastorno del estado de ánimo en términos de salud mental?

Su estado emocional se ve afectado principalmente por el problema de salud mental conocido como trastorno del estado de ánimo. En pacientes con trastornos del estado de ánimo, los altibajos emocionales extremos pueden durar mucho tiempo. Aunque hay muchos tipos de trastornos del estado de ánimo, dos de los más comunes son el trastorno bipolar y la depresión.

## ¿Qué diferencia a la depresión de otros trastornos del estado de ánimo?

Su nivel de energía, funcionamiento cognitivo (por ejemplo, pensamientos acelerados o falta de atención), sueño y hábitos alimenticios pueden verse afectados por los síntomas de un trastorno del estado de ánimo. Uno de los síntomas típicos de la depresión es sentirse deprimido la mayor parte o casi todos los días. Falta de fuerza o sensación de agotamiento

## ¿Cómo reconocer la depresión?

Diferentes personas se ven afectadas por la depresión de diferentes maneras. En lugar de felicidad, tristeza o ira, puede sentir entumecimiento o vacío. La depresión a veces puede aparecer como ira o desesperación. Los pequeños problemas de repente parecen grandes.

## ¿Cómo pueden los profesionales de la salud mental reconocer la depresión?

El psicólogo observará la actitud y el comportamiento de una persona, hará preguntas detalladas sobre los síntomas informados (por ejemplo, cuánto duran, qué tan graves son, etc.), cómo los síntomas afectan la vida diaria y posiblemente investigaciones psicológicas para ayudar en el diagnóstico.

## ¿Pueden la pérdida y el duelo causar enfermedades mentales?

Perder a un ser querido puede ser traumático y muy molesto. Es posible que sienta que su vida diaria nunca volverá a ser la misma durante el proceso de duelo, lo que puede resultar confuso.

La mayoría de las personas finalmente pueden aceptar su pérdida y volver a la vida normal. Cada camino hacia la aceptación es único y algunas personas pueden necesitar más tiempo que otras para llegar allí. La mayoría de las personas finalmente sienten los efectos del duelo en su salud mental. Sin embargo, en algunas personas los síntomas pueden ser mucho más graves que en otras.

## ¿Cómo es la salud mental de los adolescentes?

Hay otros síntomas de trastornos mentales en adolescentes además de la depresión. La vida de un adolescente puede verse afectada de muchas maneras. Los adolescentes con problemas de salud mental pueden tener dificultades en la escuela, tomar decisiones y mantener su salud física.

## ¿Por qué es importante la salud mental de los adolescentes?

Salud mental adolescente: ¿por qué es importante? | CMC

Los adolescentes con problemas de salud mental son más vulnerables a actividades sexuales peligrosas, que pueden provocar embarazos no planificados, VIH, enfermedades de transmisión sexual y abuso de sustancias, entre otros riesgos para la salud y el comportamiento. Los efectos de la mala salud mental persisten hasta la edad adulta.

¿Qué rasgos mentales definen la adolescencia?

La pubertad es un período de crecimiento intelectual, que incluye una mayor capacidad para pensar de manera abstracta.

control de los impulsos.

La creatividad.

Habilidades para la toma de decisiones y resolución de problemas.

## ¿Cómo afecta el bienestar mental de los adultos?

Influye en nuestras actitudes, sentimientos y acciones. También influye en cómo manejamos el estrés, nos comunicamos con los demás y tomamos decisiones acertadas. Cada etapa de la vida, desde la niñez y la adolescencia hasta la edad adulta, es esencial para mantener la salud mental.

## ¿Qué enfermedades mentales son comunes en la edad adulta tardía?

Las personas mayores a menudo sufren problemas de salud mental, que pueden incluir demencia, psicosis, ansiedad y trastornos del estado de ánimo y soledad, entre otros. Muchas personas mayores experimentan problemas de conducta y de sueño, deterioro cognitivo o episodios de confusión como resultado de condiciones médicas o cirugía.

¿Cómo afecta la salud mental de los adolescentes a la edad adulta?

Cuando se trata de su salud mental como adultos, los niños y adolescentes con problemas de salud mental a menudo tienen una salud mental, una satisfacción con la vida y una calidad de vida relacionada con la salud en general más bajas.

**¿Cuál es la conexión entre la soledad y el aislamiento?**

Independientemente del grado de interacción social, la soledad es la sensación de estar solo. La falta de relaciones sociales se llama aislamiento social. Algunas personas pueden sentirse solas debido al aislamiento social, mientras que otras pueden sentirse solas incluso cuando no están socialmente aisladas.

**¿Cómo lidias con el aislamiento y la soledad?**

¿Cómo puedo lidiar con estar solo?

Descubra qué tan cómodo se siente en su propio negocio.

Trate de ser honesto con aquellos que conoce.

Muévase lentamente.

construir nuevas relaciones.

Evita compararte con los demás.

Cuidate.

Aprende sobre la terapia de conversación.

9 798854 010573